Registros de la antigüedad

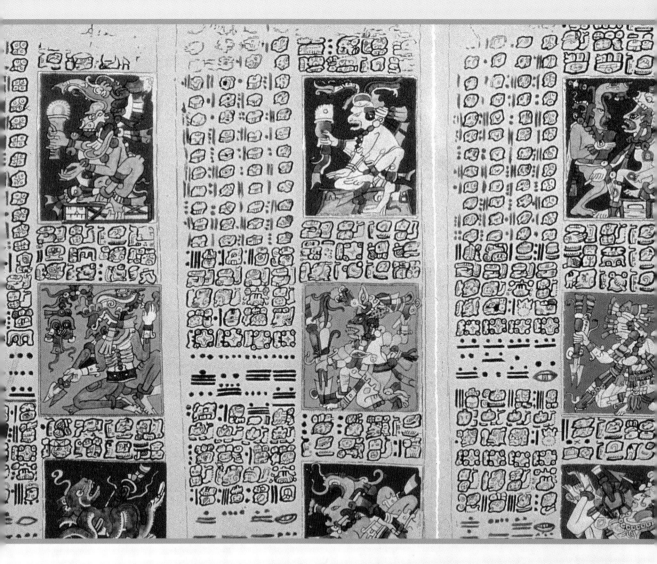

Escrito por Claire Owen

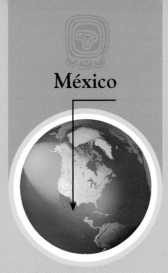

México

Me llamo Jorge. Vivo en la Ciudad de México. Me gusta estudiar los sistemas numéricos de distintas partes del mundo. ¿Por qué crees que la mayoría de la gente usa el sistema basado en el número 10?

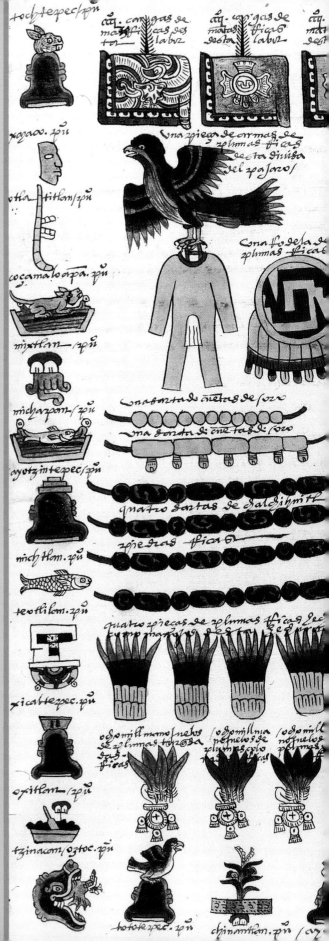

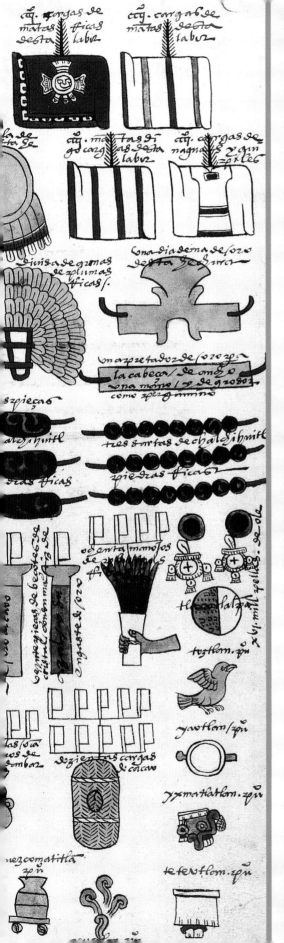

Contenido

Donde me veas, encontrarás actividades que reforzarán tu aprendizaje y preguntas para responder.

Un mundo nuevo

En 1519, los conquistadores españoles dirigidos por Hernán Cortés llegaron a México en busca de oro azteca. El Imperio Azteca se asentaba en la extensa ciudad de Tenochtitlan. Mucho más lejos, hacia el este, vivían los mayas. Los aztecas y los mayas desarrollaron un sistema de escritura basado en dibujos, un sistema numérico y un calendario distintos de los que se usaban en Europa.

Actualmente todas las ciudades mayas se encuentran en ruinas y muchas de ellas han sido cubiertas por la vegetación. La Ciudad de México se construyó sobre las ruinas de Tenochtitlan.

conquistadores   Soldados que colonizaron México y Perú en el siglo XVI.

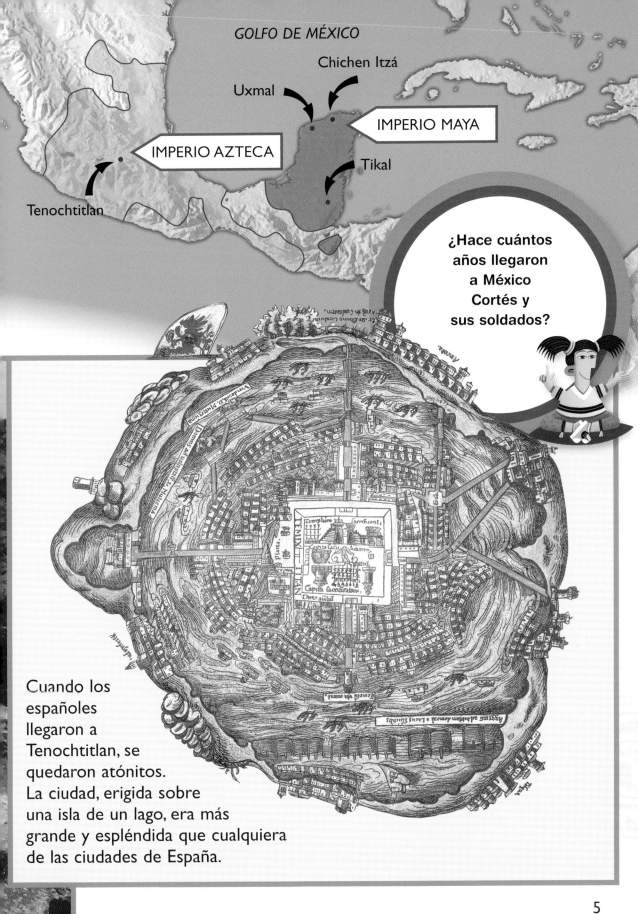

GOLFO DE MÉXICO

Chichen Itzá

Uxmal

IMPERIO MAYA

IMPERIO AZTECA

Tikal

Tenochtitlan

¿Hace cuántos años llegaron a México Cortés y sus soldados?

Cuando los españoles llegaron a Tenochtitlan, se quedaron atónitos. La ciudad, erigida sobre una isla de un lago, era más grande y espléndida que cualquiera de las ciudades de España.

5

Civilizaciones antiguas

Los aztecas fueron nómadas que llegaron a México alrededor del año 1300. Los mayas eran más antiguos. Su civilización data de antes del año 2600 a. de C. y alcanzó su máximo esplendor entre los años 200 y 900 d. de C. Los mayas utilizaron y adaptaron muchas ideas y costumbres de otro antiguo pueblo de Mesoamérica: los olmecas.

Aunque no contaban con herramientas de metal, los mesoamericanos fueron hábiles escultores. Los olmecas labraron enormes cabezas de piedra, de más de 11 pies de alto y con un peso mayor de 40 toneladas.

Mesoamérica   Región comprendida entre el centro de México y la frontera de Costa Rica, principalmente antes de Colón.

Los olmecas y los mayas practicaban un juego con una pesada pelota de caucho. Los jugadores debían insertar la bola en un anillo de piedra, situado en lo alto de un muro ¡usando solamente sus tobillos, codos y caderas! El campo de juego de pelota maya más grande mide 545 por 232 pies.

Una cancha de basquetbol mide 94 pies de largo por 50 de ancho. ¿Cuántas canchas de basquetbol cabrían en el enorme campo maya?

Números mayas

Con las ideas de los olmecas, los mayas desarrollaron
un sistema numérico vigesimal (basado en el número 20).
Los símbolos que usaban para grabar los números fueron
hechos con barras que representaban el número cinco y
puntos que designaban el número uno. Los mayas usaban
un símbolo especial para el número cero. Se cree que este
símbolo es una concha de mar o un puño cerrado y vacío.

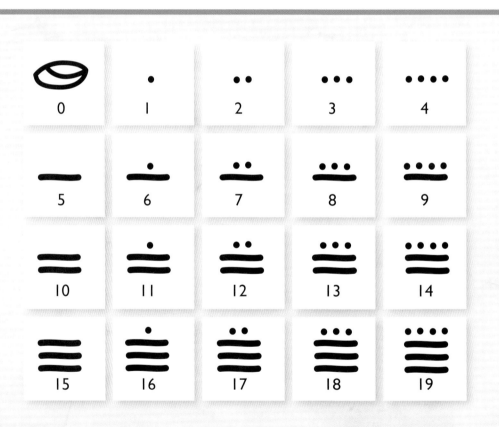

El sistema de numeración que usamos en nuestros días
posee 10 dígitos: 0, 1, 2,… 9. Los mayas tenían 20 dígitos
en su sistema numérico.

Los mayas "escribían" con dibujos en un largo y corrugado trozo de corteza llamado códice. Sólo se conservan cuatro de estos códices en la actualidad.

Este códice forma parte de lo que se conoce como el Códice de Dresden. Es el códice maya más hermoso de la época temprana que todavía se conserva.

¿Cuántos de los 20 dígitos mayas puedes encontrar en el códice maya de esta página?

Todo en su lugar

En un sistema numérico de valor posicional, el valor de un dígito depende del sitio en que se encuentra. Por ejemplo, el dígito 2 vale dos decenas en el número 625, pero representa dos millares en el número 32 087. Los mayas usaban el sistema de valor posicional, pero sus numerales se acomodaban verticalmente, con las unidades en la parte inferior. Por ejemplo, el valor posicional en un número de cuatro dígitos era:

$$\textbf{8 000} \quad (20 \times 20 \times 20)$$
$$\textbf{400} \quad (20 \times 20)$$
$$\textbf{20}$$
$$\textbf{I}$$

El número maya de abajo es **equivalente** a 18 517.

• •	**dos**	**8 000**	2 × 8 000	=	16 000
—•—	**seis**	**400**	6 × 400	=	2 400
— —	**cinco**	**20**	5 × 20	=	100
•• ≡	**17**	**unos**	17 × 1	=	17
					18 517

A

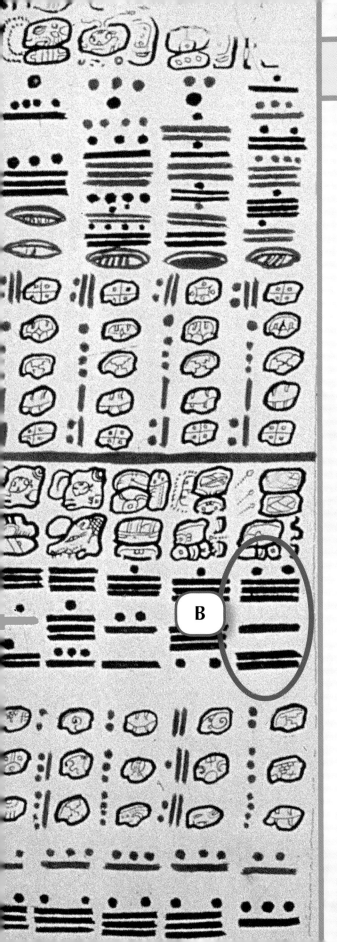

1. Calcula el valor de estos numerales mayas.

A	B	C	
		•	8 000
	••	══	400
••••	••••	•••	20
•••	•••	••	unos

A	B	C

2. Calcula el valor de los numerales encerrados en los círculos del códice de la izquierda (toma en cuenta que *A* tiene 2 dígitos y *B* tiene 3 dígitos).

3. Dibuja puntos y líneas para mostrar el numeral maya de cada uno de estos números:
   a. Sesenta y cinco
   b. Setenta y uno
   c. Cuatrocientos sesenta y seis

Un número especial

En un sistema de valor posicional, el cero también ocupa un lugar. Por ejemplo, sin el cero, ¡los números 902 ó 920, representarían 92! Hace 2 300 años, los babilonios comenzaron a utilizar su número 2 (𒁹𒁹) inclinado (𐎛), para marcar un espacio vacío. Aproximadamente 700 años después, los mayas fueron los primeros en pensar en "nada" como un número y crearon un símbolo especial para el cero.

Observa estos detalles de un códice maya. Calcula el valor de cada numeral que incluye el símbolo cero.

Juego de números mayas

Los jugadores necesitarán un cubo con 3 puntos y 3 barras (un símbolo por cada cara) y un cubo con 3 unos y 3 veintes. Para hacerlo más interesante, en el segundo cubo se pueden marcar 2 unos, 2 veintes y 2 cuatrocientos.

1. Cada jugador dibuja una caja para un número maya de 2 dígitos. Para que sea más interesante, dibujen una caja para un número de 3 dígitos.

2. Por turnos, los jugadores arrojan ambos cubos y anotan un punto o una barra en la caja apropiada.

3. Recuerda que un dígito maya no puede tener más de 3 barras y 4 puntos.

Tengo 4 barras en el espacio de los veintes, por lo que pierdo mi turno.

4. Después de 8 rondas, los jugadores calculan sus números. El jugador con el número más alto gana 1 punto.

346. Yo gano.

Yo tengo 233.

Juega una vez más. El primer jugador que tenga 3 puntos, gana el juego.

Nombrar los días

Los mayas usaban dos calendarios. El *Haab,* o calendario solar, tenía 365 días. El año se dividía en 18 meses, cada uno con 20 días; los días "sobrantes" formaban un mes especial llamado *Wayeb.* El primer mes del año era *Pohp,* y los primeros días del año eran *O Pohp, 1 Pohp,* etcétera. Después del *19 Pohp* venía el *0 Wo, 1 Wo,* y así sucesivamente.

Pohp   Wo   Sip   Sotz

Sek   Xul   Yaxk'in   Mol

Ch'en   Yak   Sak   Keh

Mak   K'ank'in   Muwan   Pax

K'ayab   Kumk'u   Wayeb

¿Cuántos días hay en el mes "sobrante" de *Wayeb*? ¿Qué fecha corresponde al día anterior a *13 Sek*? ¿Y posterior a *19 Yaxk'in*?

Calcula cuántos escalones tiene la pirámide de Chichen Itzá. ¿Qué crees que representa el número de dichos escalones?

Los mayas construían sus templos y sus observatorios para que en ciertos días del año el Sol iluminara determinadas secciones del edificio.

Esta famosa pirámide de Chichen Itzá cuenta con 91 escalones en cada lado, más un escalón extra en el nivel más alto.

Un calendario circular

El otro calendario maya era el *Tzolkin* o calendario sagrado. Este calendario tenía un ciclo de 260 días. Se creó combinando 13 números con los nombres de 20 días, como se muestra en los discos inferiores. El primer día del ciclo era *1 Imix*. Después seguía *2 Ik*, *3 Ak'bal*, y así sucesivamente. El decimotercer día era *13 Ben*, seguido de *1 Ix*. De esta manera, cada uno de los 260 días del ciclo tenía un nombre sin igual.

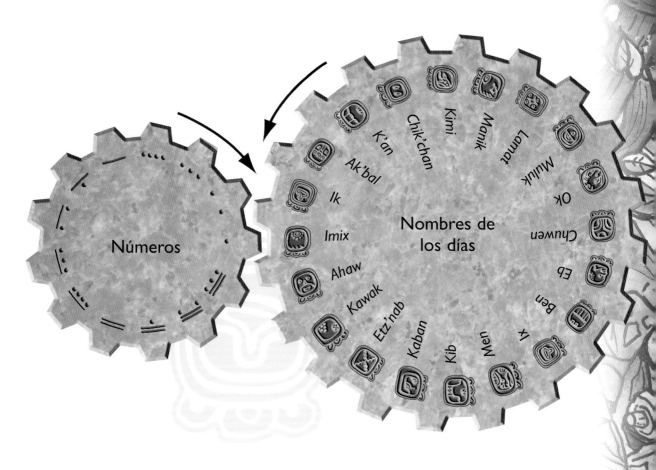

Números

Nombres de los días

Imix

Ik

Ak'bal

K'an

Chik'chan

Kimi

Manik

Lamat

Muluk

Ok

Chuwen

Eb

Ben

Ix

Men

Kib

Kaban

Etz'nab

Kawak

Ahaw

sin igual   Ser el único de su especie.

16

Esta lista muestra los primeros 120 días del calendario sagrado. Los días *Imix* señalan el principio de cada vuelta del disco grande.

Observa el patrón numérico de los días *Imix*: 1, 8, 2, 9, 3, 10. Cópialos y sigue el patrón hasta que hayas escrito 13 números.

Descubre y sigue el patrón numérico para los días *Kimi*. ¿Qué otros patrones puedes encontrar en la lista?

1	Imix	2	Imix	3	Imix
2	Ik	3	Ik	4	Ik
3	Ak'bal	4	Ak'bal	5	Ak'bal
4	K'an	5	K'an	6	K'an
5	Chik'chan	6	Chik'chan	7	Chik'chan
6	Kimi	7	Kimi	8	Kimi
7	Manik	8	Manik	9	Manik
8	Lamat	9	Lamat	10	Lamat
9	Muluk	10	Muluk	11	Muluk
10	Ok	11	Ok	12	Ok
11	Chuwen	12	Chuwen	13	Chuwen
12	Eb	13	Eb	1	Eb
13	Ben	1	Ben	2	Ben
1	Ix	2	Ix	3	Ix
2	Men	3	Men	4	Men
3	Kib	4	Kib	5	Kib
4	Kaban	5	Kaban	6	Kaban
5	Etz'nab	6	Etz'nab	7	Etz'nab
6	Kawak	7	Kawak	8	Kawak
7	Ahaw	8	Ahaw	9	Ahaw
8	Imix	9	Imix	10	Imix
9	Ik	10	Ik	11	Ik
10	Ak'bal	11	Ak'bal	12	Ak'bal
11	K'an	12	K'an	13	K'an
12	Chik'chan	13	Chik'chan	1	Chik'chan
13	Kimi	1	Kimi	2	Kimi
1	Manik	2	Manik	3	Manik
2	Lamat	3	Lamat	4	Lamat
3	Muluk	4	Muluk	5	Muluk
4	Ok	5	Ok	6	Ok
5	Chuwen	6	Chuwen	7	Chuwen
6	Eb	7	Eb	8	Eb
7	Ben	8	Ben	9	Ben
8	Ix	9	Ix	10	Ix
9	Men	10	Men	11	Men
10	Kib	11	Kib	12	Kib
11	Kaban	12	Kaban	13	Kaban
12	Etz'nab	13	Etz'nab	1	Etz'nab
13	Kawak	1	Kawak	2	Kawak
1	Ahaw	2	Ahaw	3	Ahaw

El "siglo" maya

Los mayas usaban sus dos calendarios juntos para crear un sistema cronológico bastante complicado. Todos los días tenían una de las 260 fechas del calendario sagrado y una de las 365 fechas del calendario solar. Este sistema tenía 18 980 fechas diferentes. Al primer día del ciclo se le llamaba *1 Imix 0 Pohp*. ¡Esta fecha no volvía a registrarse hasta después de 52 años!

Esta tablilla labrada muestra dibujos de animales que representan bloques de tiempo y efigies de dioses que representan números. La fecha que muestran, de acuerdo con nuestro calendario, es el 11 de febrero de 526.

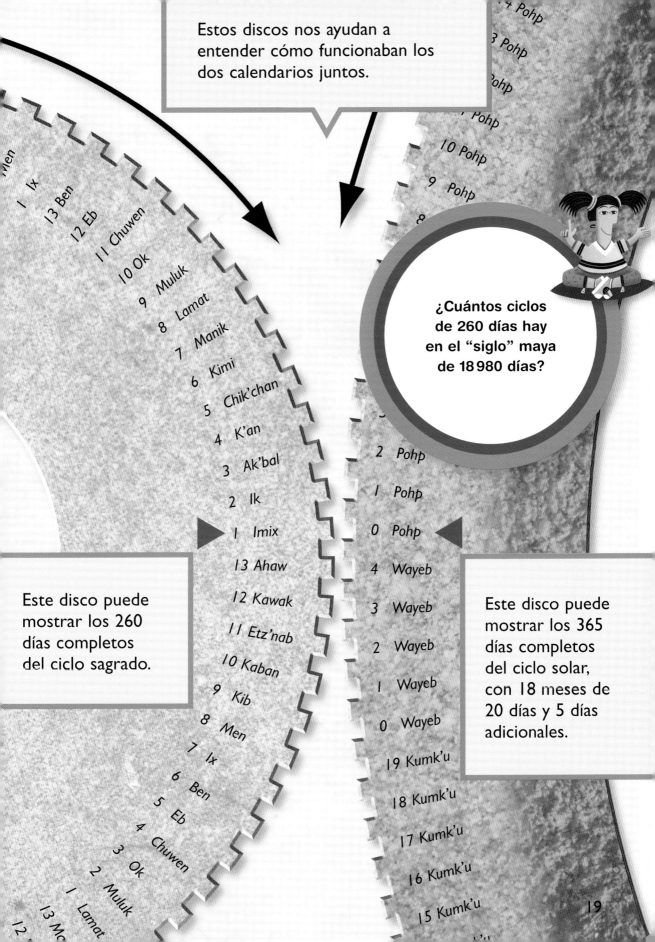

Estos discos nos ayudan a entender cómo funcionaban los dos calendarios juntos.

¿Cuántos ciclos de 260 días hay en el "siglo" maya de 18 980 días?

Este disco puede mostrar los 260 días completos del ciclo sagrado.

Este disco puede mostrar los 365 días completos del ciclo solar, con 18 meses de 20 días y 5 días adicionales.

1 Ix
13 Ben
12 Eb
11 Chuwen
10 Ok
9 Muluk
8 Lamat
7 Manik
6 Kimi
5 Chik'chan
4 K'an
3 Ak'bal
2 Ik
1 Imix
13 Ahaw
12 Kawak
11 Etz'nab
10 Kaban
9 Kib
8 Men
7 Ix
6 Ben
5 Eb
4 Chuwen
3 Ok
2 Muluk
1 Lamat
13 M

4 Pohp
3 Pohp
Pohp
Pohp
10 Pohp
9 Pohp
8
2 Pohp
1 Pohp
0 Pohp
4 Wayeb
3 Wayeb
2 Wayeb
1 Wayeb
0 Wayeb
19 Kumk'u
18 Kumk'u
17 Kumk'u
16 Kumk'u
15 Kumk'u

19

Números aztecas

Los aztecas utilizaban un calendario similar al de los mayas y también tenían un sistema numérico basado en el 20. Aunque los aztecas usaban símbolos sólo para cuatro números, estos podían combinarse o modificarse para crear otros números. A diferencia del sistema numérico maya, el azteca no era un sistema de valor posicional porque los símbolos podían ubicarse en cualquier orden.

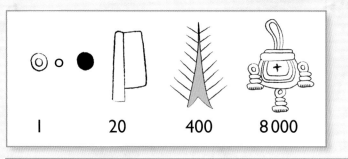

1	20	400	8 000

Los símbolos numéricos aztecas representaban una semilla de maíz, una bandera, una pluma y un morral.

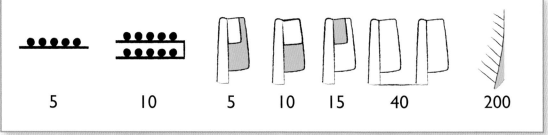

5	10	5	10	15	40	200

Los números solían representarse con dibujos de los objetos que se contaban. Esta ilustración muestra 80 tarros de miel.

modificar   Establecer cambios o alteraciones.

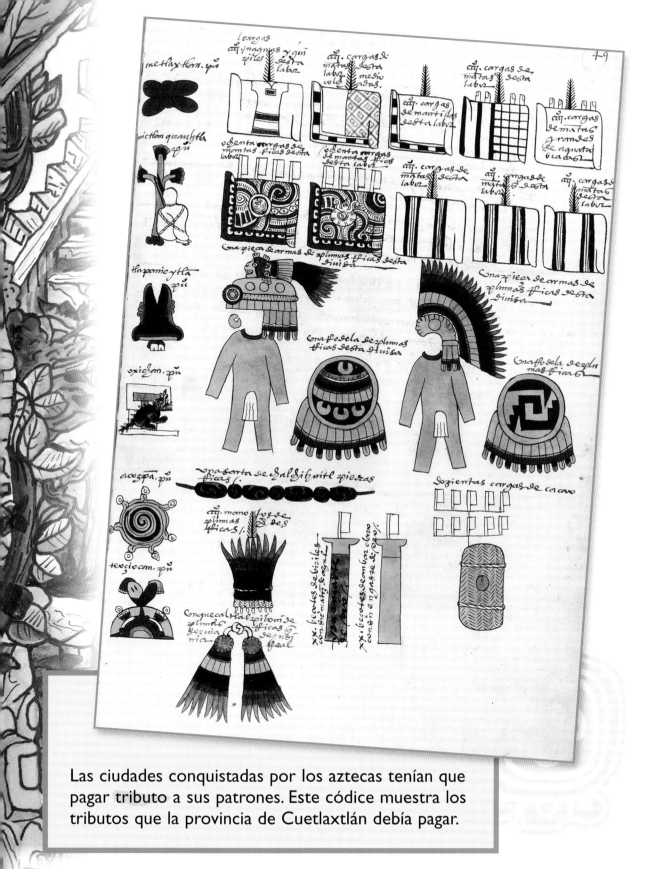

Las ciudades conquistadas por los aztecas tenían que pagar tributo a sus patrones. Este códice muestra los tributos que la provincia de Cuetlaxtlán debía pagar.

tributo   Dinero u objetos que se pagaban a cambio de obtener paz, seguridad y protección.

El fin de un imperio

Cortés llegó a México con sólo 500 hombres y 16 caballos; no obstante, fue capaz de conquistar el enorme Imperio Azteca, que contaba con miles de guerreros. De acuerdo con el calendario azteca, en 1519, el dios Quetzalcóatl regresaría del este. Los aztecas creían que Cortés podría ser Quetzalcóatl, por eso no atacaron a los españoles. De esta manera, su calendario jugó un papel preponderante en la caída de los aztecas.

De acuerdo con la leyenda, Quetzalcóatl regresaría en uno de los aniversarios de su cumpleaños. Estas fechas acontecían cada 52 años. En el año 1519 se cumplían 572 años del nacimiento de Quetzalcóatl.

¿En qué año nació Quetzalcóatl? ¿Cuántos ciclos de 52 años del calendario hubo desde su nacimiento hasta 1519?

La piedra del Sol o "calendario azteca" se ha convertido en un símbolo de México. La piedra original fue labrada en 1479. Pesa alrededor de 25 toneladas, mide cerca de 12 pies de diámetro y tiene un grosor aproximado de 3 pies. Los grabados en la piedra representan los símbolos de los meses y los años.

Respuestas modelo

Imagina que eres un azteca. Dibuja las imágenes que muestran el tributo que te gustaría recibir. Asegúrate de utilizar algunos de los números aztecas en tu "códice".

Página 11   1. A: 88   B: 983   C. 12,072

2. A: 177   B: 6 910

3. a.   b.   c.

Página 12   900; 1 280; 8

Página 14   5 días; *12 Sek, 0 Mol*

Página 15   365 escalones; los días del año

Página 17   *Imix*: 1, 8, 2, 9, 3, 10, 4, 11, 5, 12
6, 13, 7

Kimi: 6, 13, 7, 1, 8, 2, 9, 3, 10, 4
11, 5, 12

Página 19   73 ciclos

Página 23   947; 11 ciclos

Índice